Aceitação

Dados Internacionais de Catalogação na Publicação (CIP)
(Câmara Brasileira do Livro, SP, Brasil)

Bevione, Julio
  Aceitação : viver em paz / Julio Bevione ; tradução de Flávio Fragoso. – Petrópolis, RJ : Vozes, 2021.

  Título original: Acceptance : living in peace
  Bibliografia.
  ISBN 978-85-326-6481-5

  1. Autoaceitação 2. Autorrealização (Psicologia)
  3. Conduta de vida 4. Espiritualidade I. Título.

20-34316   CDD-150.1

Índices para catálogo sistemático:
1. Autoaceitação : Psicologia aplicada   150.1

Cibele Maria Dias – Bibliotecária – CRB-8/9427

JULIO BEVIONE

ACEITAÇÃO
Viver em Paz

Tradução de Flávio Fragoso

EDITORA VOZES

Petrópolis

© 1ª edição 2009, Ediciones Brujas (Argentina)
© 2ª e 3ª edições 2013, Julio Bevione © Producciones 363 C.A.
© 4ª edição, revisada e ampliada 2018, Julio Bevione
https://juliobevione.com

Edição em língua portuguesa exclusivamente para o Brasil acordada com
a Agência Literária Montsé Cortazar.
www.montsecortazar.com

Título do original em inglês: *Acceptance – Living in Peace*

Direitos de publicação em língua portuguesa – Brasil:
2020, Editora Vozes Ltda.
Rua Frei Luís, 100
25689-900 Petrópolis, RJ
www.vozes.com.br
Brasil

Todos os direitos reservados. Nenhuma parte desta obra poderá ser
reproduzida ou transmitida por qualquer forma e/ou quaisquer meios
(eletrônico ou mecânico, incluindo fotocópia e gravação) ou arquivada em
qualquer sistema ou banco de dados sem permissão escrita da editora.

CONSELHO EDITORIAL

Diretor
Gilberto Gonçalves Garcia

Editores
Aline dos Santos Carneiro
Edrian Josué Pasini
Marilac Loraine Oleniki
Welder Lancieri Marchini

Conselheiros
Francisco Morás
Ludovico Garmus
Teobaldo Heidemann
Volney J. Berkenbrock

Secretário executivo
João Batista Kreuch

Editoração: Maria da Conceição B. de Sousa
Diagramação: Sheilandre Desenv. Gráfico
Revisão gráfica: Alessandra Karl
Capa: Ygor Moretti

ISBN 978-85-326-6481-5

Editado conforme o novo acordo ortográfico.

Este livro foi composto e impresso pela Editora Vozes Ltda.

Sumário

Introdução, 7

1 O que fazer quando não puder me sentir em paz – Chaves para administrar as incertezas da vida, 9

    1.1 Por que sofro? – O poder de cura dos momentos de dor, 16

    1.2 Como enfrentar períodos de crise ou de caos – Como aceitar o que nos acontece de bom e de ruim, 23

2 A auto-observação – Como monitorar as exigências do ego, 37

    2.1 A armadilha dos julgamentos, 43

    2.2 Como nos livrar do barulho da nossa mente, 53

3 A paz interior – Como estabelecer a conexão com o nosso espírito, 57

    3.1 Como praticar a atenção plena – De volta ao essencial, 66

    3.2 A solidão pode ser uma grande mestra, 70

    3.3 O que é o guia interior e onde pode ser encontrado, 73

    3.4 Como nos sentirmos em paz por mais tempo, 78

4 A maior lição espiritual – Reconhecer o amor em nós
mesmos e nos outros, 81

    4.1 O caminho da espiritualidade – Como posso sentir
    que Deus vive em mim, 83

    4.2 Sinta o seu coração vivo – Desperte para a alegria
    com atos de bondade, 89

    4.3 Como manter a harmonia nos nossos
    relacionamentos, 91

Epílogo, 95

Introdução

Se você tem este livro em mãos é porque reconhece que somos parte da mesma família, um grupo de almas dispostas a ver o melhor no interior delas próprias, porque somente assim poderão refletir a luz que o mundo necessita.

Com isso em mente comecei a escrever este livro. Ele contém assuntos que afetam a todos, mostrando parte das resistências que muitas vezes criamos em nós mesmos para evitar nos olhar e ignorar a nossa grandeza, simplesmente porque sentimos, caso isso aconteça, que a nossa vida não será mais a mesma.

Descobri que, entre todos os nossos medos, o de brilhar é o maior e o mais bem-escondido.

Temos medo desse pulo! É natural que seja assim por causa da forma como o nosso ego pensa, mas também é verdade que é possível vencermos esse medo porque somos muito mais do que o nosso ego. Na realidade, não somos o nosso ego, embora a nossa personalidade tente nos convencer do contrário. Somos, em essência, um espírito, e este não reconhece a ameaça do medo.

Uma vida sem aceitação nos leva a uma constante luta interior que nos desgasta e deixa vazios. Contudo, a aceitação é a porta que nos leva a esse espaço interior onde podemos nos ver, sentir, reconhecer e valorizar como somos. Da mesma maneira, a aceitação nos permite apreciar a grandeza nas outras pessoas ou circunstâncias, mesmo com as suas imperfeições aparentes. A vida se torna compassiva e amável, benévola e generosa, porque isso é o que emanamos quando estamos conectados à nossa autoaceitação.

1

O que fazer quando não puder me sentir em paz

Chaves para administrar as
incertezas da vida

Estou terminando o meu dia e tenho uma persistente sensação de intranquilidade. Tudo parece estar *em ordem* ao meu redor, todavia não me sinto em paz. Esse desassossego me faz perguntar: A que estou resistindo neste momento?

Meu ego insiste em querer controlar o tempo e, claro, isso é algo que ele nunca conseguirá. O ego está sempre tentando controlar alguma coisa ou alguém; ele pensa que pode esticar as horas, fazer mais coisas de uma só vez, ficando incomodado quando alguém o faz perder seu tempo, quer esteja usando o tempo sábia ou produtivamente, quer não. Definitivamente, o meu ego se parece com um relógio... Mas ele não demora muito tempo, pois eu me pergunto novamente: "A que eu estou resistindo neste momento?", e encontro a resposta que me liberta.

Perdemos nossa serenidade por causa de um desejo, por causa da necessidade de termos razão ou por causa de um mero pedido ou vontade; queremos que alguma coisa ou alguém seja diferente do que é, e o ego domina a nossa mente. **Onde aparece o ego desaparece a paz.**

Contudo, o que acontece quando rejeitamos a ideia de mudá-lo, aceitamos e não resistimos? À parte de recuperarmos nosso bem-estar, podemos ser livres para escolher o que fazer com a situação ou com a pessoa que nos incomoda:

- **Para aquelas coisas que podemos mudar** teremos bastante calma para tomar uma decisão inteligente e para fazer o que tivermos que fazer.

- **Para aquelas coisas que não podemos mudar** será mais fácil aceitá-las e seguir adiante.

Se ficarmos presos à dor emocional dificilmente poderemos viver em paz, e a situação malresolvida irá nos condicionar em grande parte. Quando nos sentirmos ansiosos, preocupados, com raiva ou frustrados, não percamos tempo em nos perguntar: O que é isso contra o qual estou resistindo agora? Esqueça a necessidade de controlar... É sempre mais fácil liberar um pensamento com o qual nos identificamos. Se nós ainda resistirmos, respiremos profunda e continuamente até desistirmos da necessidade de ter razão ou de querer as coisas do jeito que nós queremos ou como pensamos que elas devam ser.

Faz parte da nossa cultura abençoar, pedir uma bênção ou estarmos abertos a ela. Mas, o que realmente significa esse ato, que é tanto místico quanto humano? Quando damos uma bênção estamos abrindo nossa mente e nosso coração para não ficarmos com uma versão limitada do que vemos, mas sim com uma versão amplificada, mais generosa, bondosa e amorosa. Se eu vir alguma pessoa doente, ao abençoá-la também poderei ver a sua saúde. Sem negar a realidade permito-me uma observação mais profunda, indo além dos meus julgamentos para incluir um olhar amoroso. Assim, podendo ver aquele outro lado eu poderia me perguntar: O que Deus estaria vendo nesta situação ou nesta pessoa? Então adoto este pensamento.

A física quântica nos mostrou que a realidade muda, mesmo em nível molecular, quando a percepção do observador muda. Em *Um curso de milagres* é mencionado que, quando mudamos nossa percepção da realidade acontecem milagres. Isso quer dizer que o mundo seria um lugar mais fácil para se viver se oferecêssemos uma bênção em vez de uma opinião limitada pelos nossos medos. A vida nos abençoa todos os dias. Apesar de todos os erros que cometemos neste nosso planeta, a aurora chega a cada manhã, nós levantamos e tudo se renova. **Sigamos essa atitude que a vida nos**

traz, oferecendo a melhor perspectiva possível em cada situação, e veremos o descortinar de um novo mundo.

A ideia de pertencer a um grupo – quer de nossa família, quer de nosso país – nos une e integra, mas também pode nos distrair em relação à nossa responsabilidade individual. Quando viajo para dar as minhas palestras e oficinas, cidadãos frequentemente culpam os seus pares cidadãos pelos problemas que eles enfrentam em seu próprio país ou sociedade, sem refletir que eles também são a causa do problema: "Nós venezuelanos somos desse jeito", "A Argentina tem esse problema", "O problema é que os mexicanos..." etc. Mas pergunto a cada um: Quem são os venezuelanos? Ou quem é a Argentina? Obviamente, essas pessoas não se veem como incluídas naquela história, mas sim veem o grupo como alguma coisa estranha a elas. Contudo, eu as lembraria que, por exemplo, para um venezuelano, a única parte da Venezuela à qual elas têm acesso é a parte delas próprias. A única maneira de produzir uma mudança no grupo é começar por elas mesmas e em suas famílias, que é onde podem assumir sua responsabilidade e ser consistentes em sua tarefa.

Em algumas culturas como as europeias e especialmente as anglo-saxãs, vejo mais claramente como a consciência de "fazer a minha parte" acelerou o processo positivamente, permitindo que as crises deixassem mais dádivas do que feridas. Mas acho que esse é um passo que ainda estamos aprendendo a dar em outros países.

Portanto, cada vez que falarmos no plural – quer seja em relação ao nosso companheiro, país, família etc. – comecemos a fazer a mudança que queremos, ou que recomendamos aos outros, primeiramente em nós mesmos, e assim veremos que isso favorecerá o novo, o positivo e nos dará mais oportunidades. Sempre foi dito que a prática faz o mestre e que a perseverança é o segredo por trás do sucesso, mas sempre é bom tentar? O que acontece quando a tentativa se torna algo que nos machuca? Quais lutas deveríamos continuar e quais delas já foram perdidas mas não soubemos? Essas questões sempre surgem quando eu falo sobre perseverança. Quando deveríamos esperar e quando deveríamos aceitar?

Em princípio, quando formos colocar nossa energia em algum projeto deveríamos sempre verificar o que nosso coração nos diz. Não apenas a partir da perspectiva da paixão – que é frequentemente aonde os medos estão escondidos –, mas a partir da serenidade. Um bom ponto de partida é observar como você se sente em relação ao que tem em mente. Se você se sentir bem é muito provável que esteja alinhado com o seu caminho de vida, porque sua paz interior revela a ausência de medo.

Porém, se a partir da visualização do projeto as ideias de "como" e "quando" (dois argumentos favoritos do ego) já nos obscurecem, deveríamos avaliar primeiramente se o projeto em questão é realmente algo que queremos ou é uma maneira de dissimular alguma insegurança.

Tenho dito que nada é impossível, e certamente não é. É impossível que não cumpramos com nosso destino pessoal. Mas é verdadeiramente impossível fazer acontecer o que não está em nosso destino, e isso é sempre algo que nosso coração revela. Se houver um projeto que me dê uma alegria profunda somente ao pensar nele é muito provável que irá prosperar tão logo eu ponha a minha energia nele. Mas se houver alguma forma de tensão junto com ele eu deveria reconsiderar se o que eu estou tentando é algo que "eu deveria fazer", "o ideal seria fazê-lo", "isto é o que as pessoas esperam que eu faça" mas não alguma coisa que ressoa em meu coração.

1.1 Por que sofro? – O poder de cura dos momentos de dor

Toda vez que nos encontramos em momentos de incerteza as seguintes questões vêm à nossa mente: "Por que sofro?" "Por que isso está acontecendo comigo?" Precisamos aprender quem somos realmente.

Nessa dimensão aprendemos por meio da dualidade. Não podemos apreciar a luz se não tivermos experimentado a escuridão por algum tempo; não valorizamos as pessoas que nos amam até que elas tenham partido; não alcançamos uma consciência real da vida até estarmos perto da morte (nossa própria ou de uma outra pessoa).

O nosso processo de crescimento (pelo menos por enquanto) é determinado pela experiência. Quando adquirimos experiência adquirimos conhecimento, e assim podemos tomar decisões melhores. Fazer escolhas nos torna livres, mas para isso precisamos da experiência. Vamos olhar dois pontos importantes a respeito da experiência:

- o conselho de um mestre pode nos orientar com mais segurança em nosso caminho; porém,

- ninguém pode passar pela experiência por nós.

Não significa que isso implique aprendizado forçado, sofrido e cansativo. Se tivermos em mente que estamos apenas experimentando o que precisamos saber para sermos livres em nossas escolhas então fluiremos mais facilmente.

A dor não mais nos levará ao sofrimento e, certamente, o caos passará quase despercebido. Sim, podemos sentir isso como desconfortável, machucando-nos e levando embora a nossa paz, mas faz parte da experiência. Nessas horas não aumentemos o que estiver acontecendo. Em vez disso, vivamos o que for inevitável. Ousemos experimentar o caos, mas tendo a consciência de que estamos numa sala de aulas aprendendo uma lição e que não deveríamos nos esforçar porque já sabemos a resposta do exame: Amar! Aceitando, fluindo, desistindo de controlar os outros e as situações, abandonando a necessidade de que alguém nos salve... Não adiemos e não deixemos a lição para o próximo exame. O caos nos oferece uma dádiva que não devemos deixar passar.

Estamos rodeados de adictos ao drama, ao negativo e ao terrível. Podemos até ser um deles. Isso é uma das adições menos óbvias, porque as escondemos atrás das preocupações, dos modos de controle ou do simples impulso de emitir uma opinião. Mas a verdade é que, se estivéssemos conscientes da sua consequência, procuraríamos uma maneira para superar isso.

No teatro o drama é usado para atrair a atenção dos espectadores e envolvê-los na história. Durante a peça, uma jornada emocional de entretenimento é oferecida de tal modo, que o espectador desista momentaneamente do seu controle para se entregar completamente ao enredo. **O mesmo acontece em relação ao nosso drama cotidiano: ficamos de tal maneira envolvidos com as interpretações do que nos acontece que não sabemos distinguir entre o que realmente acontece e a história que estamos narrando para nós mesmos sobre o fato.** Ficamos emaranhados nessa trama e caímos na armadilha.

É por essa razão que eu raramente discuto um ponto de vista com alguém que não esteja calmo e em paz; pois isso é um sinal de que ele é escravo de seu próprio drama. Nesse trecho da história cada um vê e confirma o que quiser e o que puder. Quando experimentamos uma situação que nos emaranha emocionalmente precisamos nos assentar e escutar por um momento, e assim damos espaço para analisar a história que está acontecendo. Muitos problemas cotidianos são criados a partir das histórias que narramos para nós mesmos a respeito do que nos acontece.

Pensamos que a gratidão seja apenas uma consequência de alguma coisa recebida, prometida ou alcançada e que dizer "obrigado" seja

a conclusão. Mas a gratidão também pode ser o começo de algo novo. Quando demonstramos gratidão a energia gerada pode ser a origem de uma nova oportunidade. No estado de gratidão nossas melhores emoções – como a alegria, a satisfação e a confiança – ficam alinhadas. Além disso temos um pensamento claro que nos permite focalizar a atenção naquilo pelo qual agradecemos, criando a energia mais fértil e usando todo o nosso potencial para fazer aquilo acontecer. Quando alguém me diz: "Como posso agradecer por alguma coisa que ainda não aconteceu?" ou "Como demonstrar gratidão para alguém com quem eu esteja zangado? eu respondo que expressar gratidão limpa o terreno mental e emocional, de modo que a gratidão possa ter um lugar dentro de nós.

Naturalmente demonstrar gratidão é uma atitude, e não se trata apenas de dizer "obrigado". Se observarmos que nossos pensamentos estão indo em direção à queixa escolhamos nos focalizar na gratidão. A solução está em começar a reconhecer as nossas bênçãos diárias.

É importante também tomar cuidado com os nossos pensamentos sobre o nosso futuro, prestando especial atenção em projetar a melhor história que pudermos nos narrar. Contudo, o processo da vida nos levará pelas mãos em direção ao que temos para viver, e precisamos ter confiança total nela. Podemos controlar o que quisermos, mas a vida conhece maneiras que podem ser impossíveis para nós. Com efeito, **um coração grato precisa de confiança.**

Quando olho para trás e identifico aqueles aspectos que estão se tornando parte da minha personalidade percebo que a vulnerabilidade tem sido uma constante em meu caminho. Ser vulnerável significa provocar uma situação a qual suspeitamos que possa nos trazer dor ou aceitarmos a dor quando ela vier (mesmo se resistirmos a ela), mas escolhendo a aprender a partir da experiência. Desconfio que nessa escola da vida a vulnerabilidade concedeu-me os momentos mais profundos para eu me conhecer, conhecer o mundo ao meu redor e conhecer Deus; para eu me sentir, poder sentir os outros e, finalmente, para sentir a presença criadora de Deus. É por essa razão que eu me entusiasmo com a ideia de viver a vida à medida que ela se descortina. E a partir disso escolho o melhor que eu puder fazer, aprender e experimentar. Mas não rejeito a situação quando ela vem junto com a dor em sua bagagem.

O fato de nos sentirmos imperfeitos nos leva ao desconforto. Acreditamos que cometer erros é algo negativo, e quando eles acontecem podemos sentir que de algum modo andamos para trás; acreditamos que errar é condenável. Contudo, como posso constatar em minha vida, os erros têm sido as formas mais puras de educação. Toda vez que eu me descobria errado via a mim mesmo frente a frente com a própria vida; sem mestres, nem métodos e nem manuais. Errando pude perceber o que possivelmente muitas pessoas tinham me avisado.

Mas a vivência do erro me permitiu saltar diretamente da ignorância para a sabedoria. Por isso, eu lhe peço para ser compassivo e piedoso consigo mesmo, de modo que a vulnerabilidade seja ativada. Não podemos ser vulneráveis se estivermos com medo de estarmos errados nem podemos estar abertos ao aprendizado se evitarmos a dor.

1.2 Como enfrentar períodos de crise ou de caos – Como aceitar o que nos acontece de bom e de ruim

Quando me perguntam: "O que posso fazer nos períodos de crise?" minha resposta é clara: "O mais simples, o que sabemos que temos de fazer".

Nos períodos de crise o que mais queremos é encontrar o nosso equilíbrio. Por trás do nosso desejo de recuperar o que perdemos, ou do desejo de vencer ou de evitar perder, está o desejo de restaurar a nossa paz. Para estarmos em paz precisamos começar a usar um sentido maravilhoso: nosso senso comum! Portanto, façamos o mais simples.

Se a crise afeta as finanças pessoais cortemos as despesas desnecessárias (nós todos sabemos quais são). Reduzir as despesas não quer dizer negar a abundância, mas nos prepararmos para aproveitá-la. Alguém que tenha muitas coisas não é rico se não se permite usufruir delas. Menos coisas e menos distrações significam mais possibilidades para usufruí-las. Dessa forma recuperamos nossa paz.

Se estivermos em crise com o nosso companheiro tentemos ser mais amorosos quando soubermos que estamos conscientemente machucando-o. Essa mudança em nós dará a serenidade necessária para tomarmos uma nova decisão e talvez terminar este relacionamento, mas pacificamente.

Recordemos que para identificar o que é mais simples precisamos confiar em nosso coração e reconhecer o que nos traz a paz. Esse é o caminho da simplicidade para cada um de nós e poderemos abandonar tudo o mais. Vamos conversar e tomar decisões apenas quando nos sentirmos em paz. Fazendo a coisa mais simples seremos capazes de examinar as nossas experiências e pensar: "Isto não é realmente tão importante". Entre tantas informações que recebemos todos os dias nos perdemos em muitas delas. Por isso, voltemos ao conselho que nossa avó nos daria, deixando de lado as soluções fantásticas. Talvez sejam essas soluções que nos distraíram e por isso perdemos nossa direção.

A capa de um exemplar da revista *Time* estampou o rosto de uma freira com um olhar perdido. O mesmo exemplar incluía uma pesquisa com a sua correspondência aos seus confessores e outros religiosos e religiosas falando sobre a sua crise de fé e a falta de amor que a manteve com um sentimento de vazio durante muitos anos. Talvez esta pesquisa tivesse passado desapercebida se a freira não fosse um dos ícones espirituais do século XX: Madre Teresa de Calcutá.

São João da Cruz chamava esses momentos de *a noite escura da alma* e os considerava como parte do caminho para o nosso despertar espiritual. Os ensinamentos de Madre Teresa que ainda estão vivos tornam-se ainda mais evidentes. Em plena crise de fé a religiosa mantinha firme suas crenças a partir da ação prática. Dizem que ela se dedicou completamente ao cuidado dos doentes, exceto por uma licença de cinco semanas em 1959.

É possível que também estejamos experimentando *uma noite escura da alma*. Poucos são deixados para fora desse túnel escuro e frio. Uma considerável quantidade de pessoas decide regressar porque é duro passar por tanta dor, e elas evitam fazê-lo. Outras pessoas continuam andando até verem a luz outra vez, compreendendo que isso é apenas uma parte do caminho. Não importa o quão escuro pareça ser o túnel em que você se encontra; não regresse e continue andando, pois a luz logo aparecerá.

Determinado curso sobre milagres mostrava que para conhecer os milagres faz-se necessária uma purificação, porque os nossos medos (que são descobertos de várias maneiras) nos impedem de experimentar o amor. A purificação pode incluir a dor, a sensação de perda, a solidão e até o desgosto. Reflitamos:

- Como poderemos viver amorosamente se ainda estivermos ligados a um conflito?

- Como poderemos experimentar a abundância se ainda estivermos anunciando a carência?

- Como poderemos viver um presente satisfatório se ainda estivermos vivenciando o passado?

Esse sólido muro de medo que construímos precisa cair se quisermos ver a luz. Ainda mencionando o exemplo de Madre Teresa, um dos pesquisadores do artigo escreveu: "Ela tinha uma personalidade muito forte e, portanto, precisava de uma purificação como antídoto para o seu orgulho". Madre Teresa pode ser nosso espelho. Durante toda a sua vida seu amor em ação orientou seu caminho, e a sua história nos inspirou a sentir compaixão. Hoje a mesma mulher nos mostra o outro lado para nos lembrar que o segredo está na perseverança, na ação e na determinação, quando a fé parece diminuir. Ela nos lembra:

- Embora a crítica e o julgamento sejam mais fáceis do que uma palavra amorosa, vale a pena ser amoroso.

- Embora sintamos não existirem razões para crer podemos, mesmo assim, escolher crer.

- Mesmo se quisermos desistir sempre haverá energia o bastante para darmos um passo a mais.

Apesar de tudo, perseveremos, sabendo que a alma tem a sua noite e porque assim poderemos dar sentido ao amanhecer. No universo tudo é cíclico. Alguns ciclos são mais longos do que outros, mas todos eles sempre se completam, sendo inevitável que isso seja assim. Não há tempestade ou calmaria que dure para sempre. Em todo processo precisamos experimentar os dois lados da energia para completar um aprendizado. Não podemos parar a chuva e fazer o calor reinar no inverno porque não gostamos do frio. As duas experiências são inevitáveis. A questão é: O que queremos fazer com essas experiências? E nossa resposta acompanhará nossa liberdade de escolha.

Quando conhecemos melhor a vida daqueles que consideramos nossos mestres espirituais descobrimos seus altos e baixos. Depois de fazerem essa experiência eles despertaram a sua sabedoria, equilibrando-se e encontrando a paz; eles compreenderam esses altos e baixos como diferentes estágios de aprendizado. Para estarmos em paz esses estágios exigem que comecemos a aceitar mudanças:

- Pararmos de nos fazer de vítimas quando estivermos *para baixo* e contermos a necessidade de estar sempre *por cima.*

- Sermos capazes de ver mais além do que acontece conosco e, como resultado, nos tornarmos mais sábios.

Nesse sentido cito dois exemplos pessoais. Há ocasiões nas quais sou convidado a me sentar em uma cadeira VIP nas conferências, quando serei ouvido atentamente por muitas pessoas. Também há ocasiões, por exemplo, nas quais me dirijo a determinado banco para fazer um pedido ou reclamação e nem tenho a chance de explicar o que eu preciso. Compreender que a nossa vida tem dois lados e que é inevitável experimentá-los cria equilíbrio em nós, e precisamos apreciá-lo. Isso nos ajuda a ficar conscientes, atentos e compassivos. O que aconteceria se apenas me oferecessem a cadeira VIP? É possível que o meu ego logo controlasse a minha identidade. E se ninguém prestasse atenção em mim? Nesse caso o ego faria me sentir pequeno e talvez me sentisse miserável.

Aceitar essa dualidade tem me ajudado a encontrar a paz mais facilmente. Admitindo que posso ser grande e pequeno, que eu posso estar certo e errado, que eu posso ser compassivo e muito rígido às vezes tem aprimorado o meu ego. Enquanto uma das possibilidades me inspira, dá força, energiza e cria uma visão mais ampla de mim mesmo, a outra me faz humilde, austero, treina a minha paciência e me faz compassivo. **O nosso caminho espiritual precisa de ambas possibilidades: altos e baixos, sem a classificação que uma é melhor do que a outra. Ambas nos põem em alinhamento e contribuem para o nosso despertar.** Sejamos mais conscientes *aceitando o bem e o mal que nos acontecem.* Eles são os dois lados da mesma moeda que precisamos reconhecer para integrá-los em nós.

Um outro aspecto que eu gostaria de abordar é o aprendizado. Ele necessariamente não está ligado ao intelecto ou à compreensão. Muitas vezes encontro pessoas que estão no meio de uma tormenta e que se recusam a sair dela porque ainda não entenderam qual é o seu aprendizado. O que precisamos aprender nem sempre é compreensível – o entendimento pode acontecer no nível das emoções e não ser compreendido racionalmente. Raras vezes percebemos o aprendizado quando estamos no meio de um conflito.

A aceitação nem sempre passa pela mente. Na verdade, esta precisa ser acalmada e não ser bombardeada com mais perguntas. Estar em paz, mesmo em períodos de crise e de caos, é uma decisão que todos podem tomar. Quando dermos esse passo poderemos não parecer tão inteligentes, mas certamente seremos mais sábios. **Tenha em mente que a paz não consiste em encontrarmos o bem e evitarmos o mal, mas sim em estarmos conscientes de que ambas as possibilidades coexistem em nós e que elas são o combustível para o nosso crescimento.**

Certa vez eu estava no aeroporto JFK em Nova York e tive uma experiência que serve como analogia ao que nos acontece nos períodos de incerteza, quando o medo nos domina. Eu estava indo para Barcelona. Depois de quatro horas de atraso embarcamos e ficamos quase seis horas dentro da aeronave sem decolarmos. A primeira justificativa dada foi que o atraso se devia a uma tempestade, mas estrelas apareceram no céu limpo e nós ainda permanecíamos em terra. O medo começou a aparecer no semblante dos passageiros. Já era hora de estarmos aterrizando em Barcelona quando os comissários de bordo nos informaram que o voo havia sido cancelado e que deveríamos pegar nossas bagagens no mesmo lugar em que as deixamos. Tivemos de esperar por mais algumas horas para conseguirmos hospedagem num hotel e um bilhete aéreo para o próximo voo.

Há situações que podemos controlar e outras que isso não é possível. Especialmente estas últimas põem à prova nossa tolerância, paciência, confiança e determinação. Finalmente consegui embarcar no dia seguinte e a experiência foi enriquecedora. Quando estamos enfrentando uma situação desafiadora – por ela ser inesperada ou simplesmente porque nunca passamos por ela, não sabendo o que fazer – todos os nossos medos aparecem. Eles tornam a situação *terrível*, nos fazem sentir ameaçados e rapidamente perdemos a perspectiva. Se nos deixarmos dominar por eles viveremos a experiência com desassossego ou mal-estar; o incidente será aumentado em nós, prolongando-se no tempo, mesmo depois de seu término. Alguns daqueles passageiros conseguiram viajar dois dias depois, mas reiteradamente mencionaram o fato. Em momentos de imprevisibilidade parece inevitável o aparecimento de fantasmas, mas podemos evitar que eles controlem nossa mente.

Quando enfrentarmos uma situação desafiadora façamos tudo o que estiver ao nosso alcance, deixando a energia trabalhar por conta própria. Isso nos permite perceber as razões que muitas vezes não podemos entender ou a verdade existente por trás de um processo doloroso. O tempo parece ser a ferramenta divina que cuida de tudo o que não podemos devido às nossas limitações humanas. O tempo também aprimora o aprendizado, mesmo quando pensamos ter chegado a uma conclusão.

Por isso, precisamos fazer o que estiver ao nosso alcance e ter paciência, tolerância e determinação. Será ainda mais fácil obter êxito quando tivermos a confiança de que o tempo não é controlado por nenhum de nós, mas pela sabedoria daquele que nos ama incondicionalmente. Sendo assim, o que podemos temer? Às vezes o mais dramático nos traz uma dádiva e a circunstância mais dolorosa acaba se tornando uma bênção. O modo como a vida funciona pode proporcionar ironias sutis. Quantas vezes a razão de nossas queixas não se transforma em oportunidade para sermos gratos?

Nossa bênção tem início com a percepção de que essas situações *nos despertam* para alguma coisa nova e diferente. Nosso ego fica assustado quando enfrentamos o inesperado – que nos machuca ou que não podemos entender –, deixando-nos paralisados na incerteza e na dor. Porém, se entendermos os paradoxos da vida saberemos como não ser apanhados pelo caos, mas permitir que a vida nos mostre o que ainda não pudemos ver.

Lembre-se:

- O que percebemos com uma tremenda dor muitas vezes se revela como uma grande bênção.

- As coisas são menores do que as percebemos.

- O que menos interessa ao ego, o que evitamos, é onde encontraremos a porta de saída.

- O pequeno e o simples podem ter mais impacto do que o imenso e o complexo.

- O que parece real acaba sendo uma ilusão.

- O que parece estar nos outros está em nós.

- O que vemos é o que somos.

Quando a vida usa seus paradoxos aparentemente irônicos está nos pedindo para abrirmos a mão de modo a receber novas coisas; ela nos tira alguma coisa para nos dar outra; ela nos detém de modo que possamos manter nossos olhos bem abertos, pois cada final sempre traz uma bênção que abre a porta para um novo começo. Isso quer dizer que se alguma coisa não está certa é porque ainda não terminou. Sejamos pacientes em permitir que a vida termine seu processo. Isso poderá implicar nossos relacionamentos pessoais, nosso trabalho, nossa economia ou nossa saúde. Em todo caso precisamos aceitar que o desequilíbrio ocorrerá quando estivermos no processo de evolução e de aprendizado. Estamos sempre evoluindo e sempre haverá algum desequilíbrio.

Temos a tendência de tratar os paradoxos da vida como um erro ou considerar a instabilidade como um mau sintoma. Reconhecendo que estamos sempre mudando será mais fácil entender por que o equilíbrio em todos os aspectos da nossa vida pode ser uma utopia. **O verdadeiro aprendizado não significa alcançar maior estabilidade ao nosso**

redor, mas sim dentro de nós mesmos, apesar, muitas vezes, do caos em nosso entorno. Só assim teremos alcançado a paz. De outro modo, apesar de tentarmos mudar algo ou alguém, conseguiremos condicionar nossa realidade para que não sejamos tentados a perder nossa paz interior, procurando controlar o que nos acontece. Mas isso será insustentável. Aceitar a instabilidade que acontece fora de nós é o primeiro passo para alcançar a serenidade. Quando mudarmos a partir de dentro a serenidade aparecerá na parte de fora; o círculo de aprendizado se completará. Aceitar sem manipular nem forçar é a chave.

2
A auto-observação

Como monitorar as exigências do ego

Vivemos em um tempo de sobrecarga de informações, de fórmulas e segredos espirituais. Elas vêm de todas as partes do mundo, com muitas promessas, e acabamos fazendo o que tentamos evitar: alimentamos o ego e ele acaba aumentado.

No caminho espiritual não podemos perder de vista o único propósito por trás de cada aprendizado: sermos mais amorosos conosco e com os outros (nesta ordem). Isso quer dizer que devemos buscar a paz além de todos os obstáculos aparentes. Por isso, é muito importante discernirmos se o que conquistamos é real ou imaginário. Em outras palavras: se estamos verdadeiramente em paz ou se continuamos com nossa mente anestesiada porque não assumimos responsabilidade e queremos evitar o sofrimento.

Absorver tantas informações sobre técnicas e rituais pode nos levar a uma arrogância espiritual, presumindo que encontramos o que estávamos procurando quando, na verdade, perdemos o caminho. A verdade, a paz e o amor não têm lugar e não existem como tal em nada nem em ninguém; eles são um caminho, e não um destino. Nesse caminho ninguém se perde; podemos apenas chegar atrasados. A energia é um regulador extraordinário que nos coloca em nosso lugar quando cometemos erros. A princípio, a energia nos mostra gentil e generosamente o caminho. Se não pudermos vê-lo a energia continua insistindo de um modo ou de outro, até que ele seja alcançado. O primeiro aviso é sempre claro: perdemos a paz interior ao tentarmos defender ideias espirituais.

Outras vezes acontece de pensarmos que somos especiais depois de termos recebido um diploma ou certificado, considerando-nos mestres ou aceitando esse papel quando os outros nos consideram desse modo. Mas, em nosso íntimo mais profundo somos como que crianças precisando de um brinquedo para participar do jogo da vida, para gratificar nosso ego que sofre, pois não se sente importante. É essencial observar e monitorar periodicamente as exigências de nosso ego. Deixe o seu ego jogar, mas nunca deixe-o tomar o controle de seu caminho de descoberta espiritual. Por que adiar isso?

Quando temos uma atitude agressiva, mesmo quando não a demonstramos exteriormente, sendo muito críticos ou ficando capturados pela queixa, como que vítimas, a paciência nos permite encontrar uma saída mais saudável para essa energia que está contida e que precisa ser liberada. Na verdade, isso é tão óbvio que a solução pode ser o primeiro conselho que sempre damos aos outros mas que dificilmente aplicamos a nós mesmos quando precisamos.

A paciência é o caminho oposto da agressividade. O agressivo é impulsivo, escapa a toda reflexão e pode contradizer sua vontade, como muitas vezes reconhecemos que faríamos ou diríamos as coisas de modo diferente. Por outro lado, a paciência nos permite o contrário: parar, refletir e discernir o que realmente queremos oferecer. Ela nos abre algum espaço para colocarmos as coisas em perspectiva. Isso não exige uma prática muito grande, apenas a intenção de parar no momento em que sentirmos que a exaltação emocional estiver explodindo. Então, permaneceremos quietos e respiraremos profundamente. Quando estivermos em silêncio essa energia tóxica que estava para sair na forma de palavras, de atitude agressiva ou de ação maldosa perde força e isso nos ajuda a fazer outra escolha.

Hoje em dia a inteligência emocional implica um nível de consciência que não termina em nosso intelecto, mas também que inclui nossa alma. Se atentarmos para as vozes da mídia que mais ressoam perceberemos que ter um grau intelectual elevado não impede a agressividade. Precisamos evoluir para uma inteligência que integre nosso mundo interior de modo que, quando precisarmos de paciência teremos capacidade de escolhê-la.

A paciência é inerente aos seres humanos e podemos começar a usá-la com inteligência, não apenas a serviço das pessoas que amamos, mas também por nós próprios, porque somos os primeiros a ser prejudicados em cada ato agressivo.

Uma jornalista me perguntou sobre o maior obstáculo que nós seres humanos criamos para nós mesmos em nosso caminho para a felicidade e para uma vida realizada. Eu não tinha pensado sobre o mais importante, mas respondi em poucas palavras: **O maior limite é nossa personalidade.** Quando usamos como resposta a frase "Bem, sou assim mesmo" queremos nos proteger do julgamento das pessoas, pedindo que elas nos aceitem ao invés de vermos se há alguma coisa em nós mesmos que podemos mudar. Aqui eu não me refiro a agradar os outros, mas a nós mesmos, porque somos os primeiros a sofrer por causa de certos aspectos da nossa personalidade como a teimosia, a falta de tolerância ou a falta de carinho em nossas ações. Quando alguma coisa em nossa vida exigir mudança e não soubermos por onde começar deveríamos olhar primeiramente para o nosso comportamento.

Como nossos pensamentos criam nossa realidade, se formos daqueles que não desejam evoluir, qualquer mudança que conseguirmos será momentânea. Isso não quer dizer que não temos qualidades que nos definam e que estamos tão arraigados em nossa essência que não possamos mudar. Essas qualidades vêm da nossa alma e não são prejudiciais. Alguns são mais amáveis, outros mais carinhosos e outros são mais observadores. Mas todos esses aspectos nos enriquecem e de modo algum podem nos aprisionar.

Os pensamentos que precisamos mudar são aqueles que aprendemos para nos proteger do medo de sofrer. Reconhecer esses aspectos para corrigi-los não é sinal de fraqueza, mas o contrário. Vejo que as pessoas que usufruem mais da sua vida e facilitam a vida para os outros são aquelas que não se levam muito a sério e que encontram uma maneira de se integrar em cada situação. Elas podem escolher o papel sem que o papel as escolha. Mais do que uma sugestão, isto é um convite, pois tudo o que nos torna livres é sempre bem-vindo.

2.1 A armadilha dos julgamentos

Pensamos que não seja certo experimentar o ressentimento, o ciúme, a vergonha ou o medo, e nós tentamos dissimulá-los, escondê-los ou nos negamos a senti-los. Mas certamente essas experiências são ocasiões de libertação, de aprendizado e de evolução; nossa vida nunca continuará a mesma se tivermos aceitado, sentido e superado essa dor. Quando uma pessoa ou alguma situação de dor vem para nossa vida ela expõe o ponto no qual somos impedidos de prosseguir. Todos os dias temos a oportunidade de identificar nossos medos nos espelhos que surgem. Porém, fazemos tudo o que for possível para fechar nossos olhos e ignorá-los, esperando que passem. É difícil vermos essas situações como aprendizado. No meu ponto de vista a razão para isso não é que estejamos com medo de enfrentá-las, mas de sentir as emoções que se ativarão quando nos conectarmos com elas.

~ 43 ~

Estamos com medo de sofrer e de que a dor dure para sempre. Quando tentamos evitá-la caímos na armadilha. O sofrimento se manifesta quando a dor está dentro de nós e começa a nublar o brilho de nossa alma. Com efeito, muitas adicções – drogas, comida, álcool, relacionamentos tóxicos – se originam nessas ocasiões, quando tentamos abrandar a dor interior em andamento com alguma coisa externa. Não precisamos caminhar com o drama para nos libertar da dor; precisamos apenas identificar o que nos causa dor.

Através da meditação nos permitimos observar as emoções sem reprimi-las. Somos testemunhas do que sentimos ao respirarmos conscientemente. Não ataquemos nem nos defendamos da pessoa por quem nos sentimos ameaçados. Fechemos nossos olhos e observemos nossos julgamentos. Ser testemunha deles é o começo do processo de cura. Se não pudermos superar a dor como gostaríamos, aceitemos essa experiência como ela aconteceu. Às vezes, aprender é apenas **saber que nem sempre estamos no controle de tudo o que nos acontece.**

Em Istambul eu aprendi a negociar. No Grande Bazar, um mercado coberto que acomoda milhares de pessoas que vendem desde joias até condimentos, nada tem um preço fixo, mas negociado. Assim, eu acabava pagando o preço combinado; nem caro nem barato, mas o justo para mim. Encaro a vida do mesmo modo, pois ela é como um grande mercado no qual me oferecem de tudo e eu escolho o que pagar pelo preço que eu aceitar. Todos nós levamos uma máquina de rotular ou etiquetar: os julgamentos. Naquilo que eu colocar o rótulo de *difícil*, este será o preço que terei de pagar. E se eu colocar o rótulo de *fácil*, o mesmo princípio se aplicará. Atravessamos a vida como se andássemos num grande mercado e colocássemos um rótulo com preço em tudo. Se eu rotular uma pessoa como inútil ela se tornará inútil. O mesmo acontecerá se eu a rotular de ingrata, amável, fiel/infiel, boa/má... O terrível não é o quão custosamente pagamos por algumas experiências, mas por não usarmos o poder que temos para mudar o rótulo, modificando nossos julgamentos. Então ficamos irritados com a sociedade, com a cultura, com a família e com todos aqueles que etiquetam um preço que nos recusamos pagar. Ao mesmo tempo, é verdade que recebemos "muita mercadoria" com preço marcado, mas temos liberdade para mudá--lo sempre que quisermos e quando mudarmos nossa opinião. Quando alguma coisa ou alguém nos incomoda, olhemos o rótulo que demos para ele ou para ela e entenderemos por que estamos pagando tão caro por essa experiência. Agora já sabemos como baixar o preço... Definitivamente, a rua é uma grande escola.

2.1.1 Como podemos parar de julgar ou de criticar?

Há um tipo de sabedoria que surge quando expandimos a nossa mente, compreendendo alguma coisa nova; algo acontece e nós o experimentamos, entendemos e aumentamos os nossos conhecimentos, tornando-nos mais sábios.

Também há um outro tipo de sabedoria advinda unicamente da experiência. Esse tipo de sabedoria nos retira da dualidade, deixando para trás a necessidade de buscar o bem e evitar o mal (como já comentamos no primeiro capítulo). Conectamo-nos com essa sabedoria quando somos testemunhas do que acontece dentro de nós e deixamos os julgamentos de lado. Somos testemunhas amorosas em cada situação, sem tomarmos uma posição.

Da mesma maneira existem bênçãos geradas quando usamos a primeira sabedoria: fazendo boas ações somos consequentemente abençoados com felicidade e bem-estar. Mas também existe uma bênção mais profunda que nos deixa sem palavras e que nos leva a um silêncio profundo. Isso acontece quando experimentamos a *verdade* dentro de nós mesmos. Nessas ocasiões não precisamos de nada exterior e encontramos Deus.

O nosso caminho espiritual é a busca da segunda sabedoria, que vai mais além da dualidade bem e mal e nos proporciona bênção. Assim, testemunhemos o que acontece dentro de nós quando não julgamos. Escutemos a nossa mente, mas de uma certa distância... e receberemos a bênção da paz verdadeira. É importante termos em mente que não possuímos pensamentos neutros ou inúteis, já que todos eles estão criando a nossa realidade. Em visita a uma estação de rádio da Guatemala discuti sobre a violência naquele país. Meu discurso foi um convite para assumirmos nossa responsabilidade, tendo em vista que todos contribuímos para tornar a realidade violenta. Para que haja violência faz-se necessário agressividade, e esta precisa de duas ideias opostas e tenazes a serem defendidas; ou seja, do objetivo de defender ou apoiar um ou outro lado: aqueles deste bairro e do outro, aqueles do meu partido político, aqueles do meu clube, aqueles da minha raça, aqueles da minha classe e os outros... Em resumo: aqueles que são iguais a mim e aqueles que são diferentes.

Todo pensamento de ataque, por mais insignificante que possa parecer, cria uma situação de violência que eventualmente irá se tornar realidade. Perguntemo-nos:

- Qual a minha responsabilidade pelo que está acontecendo?

- Que influência tem o meu pensamento para que isso ocorra na sociedade e nos meus relacionamentos?

Fiquemos atentos para que ao presenciarmos uma situação que não se afina a nós possamos rever o que tínhamos pensado sobre ela. Não demoremos em responder a essas questões e busquemos pensamentos novos e mais amorosos que criarão em nós a mudança que queremos. Gostaria de enfatizar mais uma vez que **não há pensamentos neutros ou inúteis. O que pensamos cria a realidade.** Assim, se não gostarmos da realidade já sabemos por onde começar.

Tomemos menos decisões com o ego e mais com o espírito, pois viver mais consciente nos conduzirá à paz. Esse processo requer tomada de consciência, mas como ela poderá ser alcançada? Existe alguma maneira de nos tornarmos mais conscientes em meio a uma extenuante vida de trabalho e de relacionamentos conflitantes num mundo em mudança e cheio de incertezas? É claro que podemos, e esta é a melhor hora para fazermos isso. Em nós há uma energia que nos faz encarar a realidade, mostrando o que não queremos para a nossa vida e nos movendo a fazer uma nova escolha. Este é o processo: **ver o que criamos, assumir responsabilidade por isso e escolher novamente.**

Quando minhas emoções me disserem que não estou equilibrado, em consonância com a vida,

• Eu observo;

• Assumo a responsabilidade, deixando de culpar as circunstâncias ou outras pessoas;

• Respiro profundamente sem pausas entre a inalação e a exalação, conectando-me com o meu eu interior;

• Escuto o que a minha mente me diz;

• Decido agir com o pensamento a partir do que me fez sentir melhor no momento.

Resumindo: desista de atacar a si mesmo ou outras pessoas, libere as emoções que surgirem e escolha o pensamento mais amoroso que você tiver naquele momento. O mais amoroso não quer dizer aquele que ressoa com a lógica ou aquele que nós consideramos ser o melhor, mas aquele com o qual nos sentimos melhor naquela hora e em paz.

Esse processo é útil e precisa ser praticado todas as vezes em que nos permitimos ficar atentos: quando estivermos trabalhando, comendo, tomando uma decisão, conversando, atendendo ao telefone, dirigindo, andando etc., desde as primeiras horas da manhã até a hora de dormir. Cada momento do dia e cada pessoa que se relaciona conosco são oportunidades para nos tornarmos mais conscientes. Desse modo reconheceremos gradualmente quem está no comando de nossa vida: nosso ego ou nosso espírito.

Em decorrência de nossas crenças, dependentes sobremaneira do exterior e não tanto de nossas emoções, assim como as polaridades e os extremos, torna-se difícil para nós encontrarmos o ponto no qual o masculino e o feminino se integram. Isso é uma consciência, uma importante lição em nós, seres humanos deste tempo e neste planeta. Muitas contrariedades, ansiedades e tristezas são um modo de colocar isto em evidência. Em primeiro lugar, o masculino e o feminino são vibrações, formatos energéticos que marcam presença nos gêneros, mas que não são definidos por eles.

Estar em um corpo masculino implica mais facilidade para fazer, discernir com maior precisão e resumir alguma ideia, tendo a aprendizagem como um desafio. Pessoas que habitam um corpo de mulher trazem grande energia em seus talentos ou dons, deixando o masculino como uma tarefa para executar.

2.1.2 A verdade das mentiras

As crianças de hoje nos mostram uma integridade que as diferenciam de nós, porque nos anos iniciais de nossa vida muito do que ouvíamos era mentira ou resposta sem sentido, para que parássemos de fazer perguntas ou porque éramos crianças. Portanto, acreditávamos que mentir fosse uma maneira de nos comunicar com os seres humanos, e nós começamos a fazer isso.

Quando alguém mente para nós ele mente para si próprio. Por trás da mentira existe um enorme medo de não ser valorizado, de se sentir desamparado e rejeitado. Dessa forma, quando uma pessoa mentir para nós olhemos para ela como se fosse uma criança com medo de dizer a sua verdade, com medo de estar errada, com medo de descobrir alguma coisa sobre si própria pela qual já se condenou.

Todos mentimos pelas mesmas razões que mentíamos quando éramos crianças: para nos protegermos. Mas as mentiras de hoje nos machucam porque estamos conscientes de que não estamos dizendo a verdade ou acreditando nela. Assim, para assumirmos responsabilidade e dizer a verdade, revisemos as seguintes questões:

- O que direi é a verdade?
- Estou completamente certo disso ou é apenas a minha opinião?
- O que direi precisa ser dito?
- O que direi ajudará a pessoa que me ouvir?

Se a resposta for afirmativa, então diga. É importante saber quando dizer a verdade, sendo que isso não é o mesmo que mentir.

2.2 Como nos livrar do barulho da nossa mente

A mente fica ocupada quando procuramos por explicações, quando analisamos, quando queremos ter razão e especialmente quando olhamos para o futuro. Querer controlar o que vai acontecer é o que faz mais barulho em nossa mente e causa desassossego, ansiedade.

Ao mesmo tempo em que é impossível para a nossa mente estar completamente silenciosa podemos evitar que o seu ruído nos distraia. Poderíamos imaginar como seria o nosso humor se tivéssemos uma corneta tocando nos nossos ouvidos o dia todo? O que aconteceria se o que ouvíssemos fossem reclamações, advertências e ameaças? Quem poderia estar em paz! Vamos parar com isso. Não tentemos encontrar respostas insistentemente, responder a todos os *porquês* e *comos*.

Paremos e respiremos profundamente. Vamos sentar e relaxar. Tudo está bem, não há necessidade de controlar tudo. Uma vez mais, respiremos profundamente em silêncio. Se encontrarmos alguma resistência, vamos sair para o campo e ficar imersos na natureza. Observemos a beleza de uma flor, seu caule, folhas, pétalas. Vamos visualizá-la, cheirá-la e apreciar sua cor. Desfrutemos do seu silêncio. Lembro-me que estava em uma conferência em Sinaloa quando um rapaz de quatorze anos me disse: "Eu acho que lhe entendo. O que você quer nos dizer é que devemos ficar com uma 'não mente'". Seguramente ele tinha entendido.

Ao escutarmos o que os outros dizem a nosso respeito criando uma ideia de quem somos, mas isso não é verdadeiro. Ao contrário, é influenciado pelas percepções das pessoas, pela família, pelos antecedentes sociais e culturais aos quais as pessoas foram expostas, e simplesmente aceitamos essas opiniões sem questioná-las. É hora de começarmos a nos escutar. O silêncio proporciona a mudança de enfoque e de autoconhecimento.

O silêncio nos amedronta e nós o preenchemos com conversas desnecessárias, música, rádio... com todos os tipos de sons e distrações que pudermos imaginar (até mesmo com música para relaxar). Mas não estamos motivados a nos entregarmos completamente ao silêncio.

Quando conseguimos permanecer silenciosos nossa mente é a primeira a falar e nós a evitamos. Guardamos nossos medos cuidadosamente de um modo muito organizado, e quando cessamos o ruído exterior nós os ouvimos novamente.

Somente se nos permitirmos a não dar importância àquele punhado de pensamentos que vêm à nossa mente conseguiremos perceber quem somos de verdade. Pratiquemos por alguns minutos, e se nos distrairmos, fechemos os olhos. Se não pudermos fazê-lo com os olhos fechados foquemos em uma imagem que nos inspire bem-estar; por exemplo, uma praia deserta de areia branca e água cristalina. Façamos silêncio, e pouco a pouco encontraremos as respostas às nossas perguntas, a todos aqueles assuntos sobre os que tenhamos de decidir ou aprender. Com a prática isso se converterá em um hábito ou em uma forma de vida.

3
A paz interior

Como estabelecer a conexão com o
nosso espírito

Como discutimos nos capítulos 1 e 2, mesmo lidando com uma situação caótica e dolorosa, um estado de equilíbrio interior pode ser alcançado. Ou, ao contrário, tudo está bem em nossa vida, mas a angústia habita dentro de nós. Depois de iniciarmos o processo de consciência por meio da auto-observação, encontrar a paz no momento presente, apesar do que estiver acontecendo conosco, é o objetivo final do nosso trabalho interior. Quando pudermos experimentar isto teremos a certeza de que somos muito mais do que acreditávamos ser, mais do que nossas histórias pessoais e histórias compartilhadas com os outros. Que somos muito mais do que qualquer coisa que tenhamos conhecido sobre nós mesmos e sobre o mundo. A paz interior proporciona esse tesouro.

Neste capítulo eu gostaria de falar sobre isso. Esta paz que se manifesta a partir do nosso espírito sempre está disponível. Se ela vem do espírito seria impossível que não estivesse ao nosso alcance, pois se o nosso corpo está vivo o espírito está em nós. Mas existe uma possibilidade que nós podemos escolher: ignorá-la. Ficamos distraídos com as histórias que contamos para nós mesmos, com o que nossos olhos viram, com as nossas experiências e com o que gostaríamos que acontecesse, e assim, prosseguindo repetidas vezes nesse tipo de histórias, não nos damos espaço para reconhecer aquela presença em nós.

Assim, se a paz vem do espírito, para recuperá-la primeiramente é preciso reconhecê-la, não dando demasiada importância ao nosso ego. Nesse ponto é que a aceitação desempenha um papel essencial, e acontece em dois níveis:

- em nossa mente;
- em nosso coração.

Ela não acontece fora de nós (e talvez seja por isso que geralmente ficamos perdidos em nosso caminho). Isso quer dizer que o processo de aceitação não está relacionado às pessoas e às situações, ao contrário do que nós acreditamos. Na verdade, muitas vezes não somos capazes de aceitar porque sentimos que em algum ponto estamos concordando com determinada pessoa; justamente aquela pessoa que não podemos aceitar. Presumimos que aceitar é concordar com o que está acontecendo, mas isso não ocorre necessariamente.

Aceitar significa parar de colocar expectativas nas coisas e nas pessoas. Em outras palavras, se nós somos aqueles que possuem determinado desejo a aceitação acontecerá dentro de nós mesmos. É muito provável que não concordemos com determinado fato, com o modo como aconteceu, com o que os outros disseram ou nos impediram de dizer, mas isso não nos impede de encontrar a paz e de nos relacionarmos com essa pessoa. Isso será possível quando percebermos que o problema não está diretamente relacionado a determinada situação ou pessoa, mas sim às nossas expectativas não realizadas. Quando aceitarmos essa realidade e desenvolvermos a resiliência veremos como uma mesma situação não nos afeta do mesmo modo, porque nossa tentativa de alcançar determinada expectativa terá perdido força.

Levando isso em consideração **precisamos de força de vontade para renunciar muitas vezes ao nosso desejo de *como a vida deveria ser,* aos nossos pontos de vista para determinar a vida dos outros.** Quando resistimos à aceitação abrigamos um forte desejo de controle ligado a rígidos padrões que acabam nos controlando, levando a liberdade e a alegria de viver. Sem dúvida, por trás dessa tentativa de dominação existe muito medo porque nos sentimos "ameaçados", resultado de uma baixa autoestima. Apesar das nossas tentativas, cedo ou tarde as pessoas se comportarão do modo como elas puderem e as situações ocorrerão conforme o curso da vida.

Enfatizei a importância da **força de vontade** porque ela será exigida em todo o processo. Eu diria que sem ela seremos facilmente vencidos pela frustração (um elemento favorito para alimentar nossos medos). Necessitamos da vontade para:

• continuarmos a nos desfazer daqueles pensamentos negativos recorrentes, e ao mesmo tempo

• ouvir (os outros ou nós mesmos), baseando-nos em argumentos sólidos para alcançarmos nossos objetivos.

Tenho certeza de que se mantivermos uma paz interior ativa teremos um entendimento muito mais amplo da vida e perceberemos quanto tempo perdemos como consequência de nossa raiva, quando o passo era tão simples. A verdade é que nossa resistência em liberar nossas opiniões e argumentos é geralmente tão rígida, mesmo com força de vontade e persistência, que levará algum tempo para desenvolvermos esse novo hábito.

Gradualmente, uma vez que nossas ideias estejam perdendo força, poderemos nos direcionar ao coração, onde a aceitação finalmente acontece, porque é nele que o espírito trabalha. O que não pudermos entender, o que ainda não gostamos, o que pensamos ser infiel aos nossos princípios – mas que não nos compete mudar –, precisa de uma voz compassiva, generosa, cordial e benevolente. Isso acontece espontaneamente quando baixamos da mente para o coração. É aí que encontramos um grande conforto e um novo desejo: já não queremos mais controlar ou nos preencher com agressividade ou emoções tóxicas para impor nossas razões, mas sim viver aonde tudo e todos tenham seu espaço e possam ser mostrados como eles são. Quando esse desejo for genuíno reconheceremos que demos um passo adiante; nos tornaremos maduros ao assumir a responsabilidade pelos nossos pensamentos (que não mais nos governam) e pelo impacto do nosso comportamento em nós mesmos e nos outros.

Quando fazemos a nossa parte a aceitação tende a nos recompensar com algo que nos parece milagroso: aquilo que aceitamos muda porque a nossa perspectiva passou a ser mais ampla e amável, e não apenas vemos o que não gostávamos, como também adquirimos uma compreensão que nos permite perceber outros aspectos do que costumava nos perturbar. Como resultado, a situação pode também evoluir e nós poderemos ter a força para encarar um novo começo. **Muitas vezes, a falta de aceitação nos mantinha amarrados às histórias que aconteceram há muito tempo em nossa vida, porém muito ativas em nossa agenda mental e emocional.** Ao abandonar esse tipo de olhar quaisquer que sejam as ideias que o sustentavam desabam com seu próprio peso, modificam-se ou simplesmente desaparecem.

Nosso ego (nossa personalidade) tentará nos convencer de outras estratégias mais vantajosas do que a aceitação. Porém, na realidade, elas trabalham contra nós. Aceitar significa ter uma atitude amorosa, e o amor sempre limpa, cura e nos fortalece. Esse é um passo da mente ao coração: aceitar o que nos acontece, analisando menos, resistindo-nos menos e deixando fluir mais. **O amor é movimento e o medo é paralisia. Por isso, a aceitação sempre nos conectará com a vida.**

Se há algo que nos revela a liberdade que temos de voltar a escolher, de fazer e de desfazer, de nos renovarmos e de nos movermos em direção ao novo é o calendário. O final de cada ano e o início de outro é uma piscadela da vida para nos deixar claro que **não há passado que nos condene, a menos que tentemos ficar nele.** Mais além dos objetivos que tenhamos para o novo ciclo de vida (cada pessoa terá os seus próprios) sugiro um que será muito útil para todos, individualmente: aprender a sustentar a energia mais além do desejo de que aconteça.

A energia criativa vai atraindo e convocando elementos externos para materializar o que queremos em nosso mundo imediato. De repente *começamos a ver* que aquilo que era um simples pensamento vai tomando forma. Isso acontece quando o que pensamos encontra o combustível de nossa paixão, e então se expande e se sustenta na ação. E aqui, minha experiência mostra, está o ponto no qual geralmente falhamos. Geralmente começamos com um entusiasmo exultante e somos capturados pelas frustrações mais humanas, cobertos de dúvidas e com uma certa raiva e desapontamento. A maneira mais simples e possível de sustentar a energia é por meio da ação, mas sendo sensatos e não nos pressionando a fazer mais do que estamos preparados. Fazemos o que podemos em cada momento, a cada dia, com as circunstâncias que se apresentarem. Saberemos quando estamos fazendo demais porque a ansiedade nos impedirá de ficar satisfeitos. Ao mesmo tempo perceberemos que estamos nos retardando porque uma sensação de aborrecimento e um certo peso emocional nos tirará a calma.

Vamos começar fazendo o que sentimos e que nos entusiasma. Ativemos a energia dando os primeiros passos. Talvez eles sejam pequenos, mais lentos do que imaginamos; porém, caminhemos. Gradualmente começaremos a sentir uma energia que nos leva a um caminho insuspeito, que nos abre algumas portas, que nos fecha outras, mas que não deixa espaço para dúvidas de que contamos com o apoio da nossa grandeza interna. Isto quer dizer: sentiremos Deus caminhando ao nosso lado.

3.1 Como praticar a atenção plena – De volta ao essencial

Aprendemos que, quanto mais tivermos, melhor: mais pertences, mais educação, mais dinheiro, mais relacionamentos, mais e mais. Desse modo acabamos valorizando a nós mesmos e aos outros segundo esses parâmetros. Aprendamos a deixá-los de lado para começar a experimentar verdadeiramente a sensação de segurança que esperávamos ter com tudo isso. Essa segurança é aquela que podemos sentir quando deixamos de ficar amarrados a alguma coisa ou a alguém e, portanto, temos liberdade. Qual ameaça poderia nos tirar a paz se já renunciamos a todas elas?

Você pode perceber que a maior parte de suas angústias, a necessidade de controle, a insatisfação e parte do seu sofrimento é determinada por tentar manter o que você pensa que lhe pertence, aumentar as suas economias ou apenas cuidar do que você tem. Essa lista pode ser tanto de coisas como de pessoas. Nos últimos dois anos a energia me deu a possibilidade de viajar quase sem parar e, como consequência, eu estava abrindo mão daquilo (tanto bens materiais como relacionamentos) com o qual eu me sentia preso. Como recompensa foi capaz de experimentar bem-estar sem ter ao alcance da mão coisas que aparentemente me faziam sentir seguro, feliz e em equilíbrio. Pude encontrar isso dentro de mim.

Não precisamos abrir mão do que possuímos se ao fazê-lo sofremos, pois é possível que no momento não seja a ocasião certa. Contudo, comecemos a tornar nossa vida mais simples diminuindo pouco a pouco o que acreditamos ser desnecessário, reduzindo o que compramos e valorizando mais o que temos. Eu lhe dou alguns exemplos:

- Usufruindo mais tempo com as pessoas que amamos do que em frente à TV.

- Dedicando um momento diário ao silêncio, renunciando a estar distraído por algo externo.

- Passando alguns dias em meio à natureza em vez de ficar dentro de nossa casa etc.

No mundo material o menos é mais. Convido-lhe a renunciar àquilo que lhe causa dependência material ou emocional. Você vive apegado àquilo que acredita ser imprescindível ou cuja ausência significaria uma ameaça para o seu bem-estar. Assim, compulsiva mas inconscientemente, você tem se ligado aos bens materiais, relacionamentos, carreiras e empreendimentos, perdendo o que você quer manter: a paz. Revise o que tem medo de perder e saberá aonde está negociando o seu bem-estar. Você está amarrado aos pensamentos de prazer ou segurança que lhe ligavam a alguma experiência ou a uma pessoa, e fica apavorado de perder essa sensação. Por isso, quer mais do mesmo. De alguma maneira você tenta prolongar o passado no futuro, e isso é impossível. Precisamente esta é a causa da frustração que lhe domina.

Em todo esse jogo da vida o elo perdido se encontra no agora. Dar-se conta de que tudo o que você busca é sentir-se bem e que pode conseguir isso neste momento desarmará as suas resistências. Gradualmente você pode ir abandonando tudo o que lhe mantém ancorado naquilo que não lhe faz feliz. Não demore para dar esse passo e comece nesta semana. Não procure por razões nem espere se justificar, porque é possível que estes sejam os mesmos argumentos que lhe mantêm aprisionado na tristeza e na ansiedade que você experimenta.

Para começar a mudar os seus hábitos pergunte-se:

• **Estou em paz com o que está acontecendo comigo, com o que eu estou dizendo, com o que eu escuto ou com o que eu tenho em mente?** Aprenda a parar quando começar a perder a sua paz. Pare de fazer, conversar ou pensar sobre isso.

• **Essa pessoa ou essa situação me traz paz ou leva a paz de mim?** Antes de agir, dizer, escolher, comprar etc. pensemos com o nosso espírito. Se nós não dermos, não nos rendermos ou não emprestarmos a nossa paz interior para qualquer coisa ou qualquer outra pessoa daremos para nós mesmos o melhor presente que precisamos para dar sentido à nossa vida. Pois, se não há paz, porque queremos o resto?

3.2 A solidão pode ser uma grande mestra

A solidão é uma experiência pela qual todos nós deveríamos passar. Ela nos recorda que somos responsáveis pela nossa vida e nos devolve nosso poder pessoal. Na solidão se produz o verdadeiro encontro com nós mesmos; talvez por isso a evitamos tanto. **Quando nos sentimos sozinhos nos obrigamos a descobrir o que temos; ninguém vem oferecê-lo. Esta é a aprendizagem.**

A solidão nos faz recobrar nossa confiança em nós mesmos e na vida, já que ela vem quando nos atrevemos a deixar aquilo que já não nos pertence, que temos usado como proteção (emocional, econômica ou física) e quando sabemos que estamos preparados para assumir a responsabilidade por nós mesmos. Geralmente aparece como resultado da ausência de uma pessoa, pelo vazio que se manifesta quando deixamos um trabalho (ou nos fazem sair) ou quando mudam as condições de uma situação que nos fazia sentir seguros.

Devemos dizer que receber e aceitar a solidão é para os corajosos. Se quisermos nos livrar do que não é mais nosso mas não estivermos determinados a assumir o nosso poder continuaremos buscando a segurança em outra pessoa, em alguma coisa, em outras circunstâncias, em muitas coisas! Na solidão não é necessário se sentir sozinho, ainda que seja possível que isso ocorra quando não soubermos o que fazer com ela. Sentirmo-nos sozinhos é o aviso de que estamos a ponto de nos descobrir; é a hora de obscuridade antes do amanhecer. Nem todos se atrevem a continuar até o final do túnel. Muitas vezes quando estamos a ponto de nos descobrir, por medo renunciamos à busca interna e nos perdemos outra vez buscando fora que alguém ou algo chegue a nos dizer o que fazer.

Treinemos a nossa mente e o nosso coração para jogar o jogo da solidão. Perguntemo-nos:

- O que seria de mim sem esta pessoa?

- Quão segura seria a minha vida sem este trabalho?

- Posso me imaginar decidindo por mim mesmo sem esperar a aprovação de alguém?

- Como me comporto quando estou sozinho e sem fazer nada?

- Etc.

Todos nós somos levados a conhecer o sabor da solidão, que primeiramente é amargo, mas que pouco a pouco vai soltando a sua doçura.

Lembre-se:

• Se estamos acompanhados mas nos sentimos sozinhos é momento de nos desprendermos.

• Se estamos sozinhos e nos sentimos tristes é momento de deixar de buscar na parte de fora, na parte exterior.

• Se estamos sozinhos e nos sentimos felizes talvez seja o momento de recordar que também podemos ser felizes com alguém. A solidão também é cômoda quando a usamos para nos defender do mundo como um escudo.

• E se estamos felizes de todas as maneiras é porque passamos *no teste da solidão*: certa vez a recebemos, a aceitamos, nos fizemos responsáveis, nos descobrimos, nos aceitamos e deixamos de buscar na parte de fora. A partir disso tudo chegou para nós.

3.3 O que é o guia interior e onde pode ser encontrado

A educação do nosso intelecto – somar dados e adestrar a mente para que selecione o que queremos manter na memória – muito dificilmente nos ajudará a tomar uma decisão sábia. Talvez seja a nossa melhor decisão racional, mas não necessariamente a que nos levará a cumprir uma meta que nos leve em direção à nossa realização pessoal. Então, o que é o guia interior? E onde ele se encontra?

Há uma parte em nós que nunca foi contaminada com o nosso pensamento e que mantém viva a lembrança de quem realmente somos. Nela reside nosso verdadeiro poder, não o que acreditamos conseguir através de uma experiência física – pelo que fazemos, pelo que temos, por quem chegaremos a ser o por quem fomos –, mas sim *pelo que realmente somos:* parte da essência divina. Isso nunca mudou e não é algo que temos de recuperar porque sempre se manteve em nós. Porém, precisamos nos conectar com ela.

Para fazer isso primeiramente devemos deixar de buscar soluções fora de nós. Como nosso guia interior não convive com nossa mente racional, poderemos sentir sua presença através das emoções. Se alguma vez sentimos uma paz estremecedora mesmo quando estávamos em algum conflito, ou se nos emocionamos até as lágrimas sem nenhuma razão que consideramos importante, ou sentimos o impulso de fazer algo fora da nossa lógica, em todos esses casos estávamos conectados com o nosso guia interior.

É importante saber que não é necessário renunciar à nossa mente, mas tampouco dar a ela toda a autoridade para ficar com a última palavra. Antes, consultemos o nosso guia interior e verifiquemos se a decisão que vamos tomar, ou se o que vamos dizer ou vamos fazer criará a experiência mais amorosa para a ocasião. Se experimentamos bem-estar, a resposta é "sim"; se experimentamos o oposto a resposta é "não". Um "não" não significa que é mal, porque o nosso ser não condena (essa tarefa é do ego). Mas simplesmente nos adverte que não é o momento, não com essa pessoa; um "não" que busca nossa evolução.

Nosso guia interior é um filtro que unicamente deixa passar o que é amoroso em cada momento. Na verdade, é o juízo mais sábio que podemos ter nessa experiência física. Por isso é necessário nos conectarmos com o nosso guia interior cada vez com mais frequência, até sentirmos ser natural fazer isso. Não necessitamos de nenhum rito, método especial nem um ambiente místico. É possível fazer isso em qualquer lugar e em qualquer momento. Depende da nossa disposição em escutá-lo.

De agora em diante, quando tivermos que tomar decisões, antes de começar uma conversação escreveremos tudo o que a mente nos diz e então nos perguntaremos como nos sentimos com cada ideia.

Tenho experimentado que nosso espírito sempre nos fala, mas nós não o escutamos. Às vezes porque esperamos que nos fale como uma voz humana que se escuta na mente, e outras vezes porque simplesmente não estamos abertos à experiência.

Tenho observado quatro formas nas quais nosso espírito se comunica conosco:

1) A princípio, o espírito utiliza nossas emoções – Em nossa mente estamos muito contaminados por pensamentos da nossa personalidade e por isso não podemos distinguir o que nosso espírito quer nos dizer. Por esse motivo nossas emoções são uma bússola que nos indicam se nos encontramos em equilíbrio ou necessitamos de um trabalho pessoal.

2) Há um segundo nível de comunicação e acontece quando o espírito nos fala através de outras pessoas – Aonde depositarmos nossa fé, ali falará o espírito: um amigo, um livro, a palavra de um guia espiritual... Mas também pode nos falar a partir de um cartaz ou de um anúncio no meio da rua, de uma mensagem em programa de rádio ou de uma canção. São esses sinais sutis ou sincronicidades que se apresentam com muita simplicidade, mas que se tornam significativos porque, ainda que pareçam pequenos, o que sentimos ao recebê-los é poderoso.

3) Então, quando cresce a confiança, o espírito se manifesta diretamente em nossa mente – Fala-nos através das ideias. Quando pedimos aparece o pensamento no qual confiaremos com fé absoluta. E ainda que ocorram em um nível racional, esses pensamentos nos oferecem tanta paz, que os recebemos sem maior resistência. As dúvidas e as análises vão perdendo forças diante deles. Quando os recebemos e nosso coração se encontra em paz, saberemos quem nos fala.

4) E, finalmente, nos entregamos ao espírito sem nenhum filtro de intermediários ou de arrazoamento – Não necessitamos pensar. Pedimos ao nosso espírito que trabalhe em nós, e, assim falamos, fazemos ou atuamos com entrega e devoção.

À medida que nosso espírito vai trabalhando nós o convertemos em amigo para, finalmente, nos tornarmos conscientes de que somos um com ele. É o sexto sentido que todos temos disponível e que aparece naturalmente quando tiramos um pouco a atenção dos outros cinco sentidos. Deixarmo-nos guiar pela intuição é permitir que a energia tome o controle de nossa vida naquilo que não podemos controlar. À medida que nos conectarmos com nosso guia interior aparecerão as respostas de que precisamos para compreender o que se passa conosco, e assim atraímos as pessoas e as circunstâncias adequadas que colaboram com nosso progresso, sem ter que manipular nada nem ninguém.

3.4 Como nos sentirmos em paz por mais tempo

Se analisarmos como tem se desenvolvido o curso de nossa vida até agora veremos que em cada tribulação que nos acontece estamos nos debatendo entre a paz e a guerra interior.

Quando somos felizes por algo que está nos acontecendo, ou com um companheiro, imediatamente começamos a experimentar a dualidade, temendo que terá um fim e, muito provavelmente, ficaremos dependentes.

Quando ocorre uma tragédia de grande magnitude reaparece a ferida aberta das emoções e conflitos não resolvidos em todos nós. Nesse caso apontamos imediatamente um culpado e o condenamos. Mas encontrar culpados, está claro, não leva a uma sociedade melhor. Nisso todos estamos incluídos; uns mais, outros menos.

A raiva, o ataque e os julgamentos ao diferente e ao que não conhecemos, a violência e aquela raiva invisível que se manifesta em nossas ruas todos os dias não causam estranheza para nós. De uma maneira ou de outra somos parte disso. Quem ofende, ataca e mata é parte deste mundo, vive em uma família e, muitas vezes, está mais perto de nós do que pensamos.

Há duas perguntas que eu me faço constantemente:

1) Como eu posso ajudar? – Depois de encontrar a resposta faço a outra pergunta:

2) O que estou disposto a fazer dentro do meu alcance? – permitindo-me uma resposta honesta.

Sou otimista, mas também sou objetivo para dar-me conta de que mesmo nesse estágio da evolução humana ainda não estamos tão adiantados para conviver em paz com os que pensam diferente, ou para deixar de lado a raiva que muitas vezes termina em violência. Estamos um pouco adormecidos, mas não tanto, pois seguimos apoiando o que nos destrói. O que podemos fazer a respeito disso? O que estamos dispostos a fazer sobre isso para criar um ambiente pacífico e inclusivo?

Comecemos hoje a revisar nossa vida para que essas tragédias não continuem sem que façamos alguma coisa a respeito e não sigamos ignorando esse problema. Olhemos de frente e tomemos nossa parte de responsabilidade. Somos o mundo; ele não está do lado de fora. Do lado de fora vemos unicamente o reflexo do que somos, e tenho certeza de que somos muito mais que tudo isso. Criar uma sociedade melhor é possível. No capítulo seguinte abordaremos o modo pelo qual podemos nos conectar com Deus em nós e, como consequência, vermos a presença de Deus nas pessoas que nos rodeiam.

4
A maior lição espiritual

Reconhecer o amor em nós mesmos
e nos outros

A lição mais importante e o verdadeiro despertar no caminho espiritual é reconhecer o amor em nós mesmos e nos outros. Seja qual for o caminho espiritual que escolhermos, esse deveria ser o único objetivo a seguir. A aprendizagem é vivencial e se pratica amando incondicionalmente, muito especialmente àqueles que não merecem o nosso amor. Compartilhar o amor em todos os lugares indiscriminadamente é a prova de fogo nesse despertar interior. Amar em todas as direções e sem discriminação. Essa atitude derruba todas as barreiras do nosso sofrimento.

Não há dor maior do que a de não compartilhar amor. Observe-se e identifique aquelas partes de sua vida nas quais você não se permite dar amor. Quando o fluxo do amor se encontra estancado ativam-se mecanismos em nossa personalidade e em nosso corpo que nos causam doença e profunda infelicidade. Por exemplo, as pessoas de personalidade forte ou que se sentem pressionadas a parecerem bem-sucedidas e felizes em todo momento são extremamente vulneráveis. Em outros casos, a falta de amor-próprio (autoestima) se somatiza em forma de depressão, anorexias, dependências etc.

O amor que negamos dar a alguém que aparenta não merecê-lo é nosso grande mestre. Essa pessoa ou experiência vem nos ensinar a amar. Se a nossa capacidade de amar for limitada também o será a nossa capacidade de receber amor. Portanto, hoje mesmo decidamos dar e receber amor a todos e de todos.

4.1 O caminho da espiritualidade – Como posso sentir que Deus vive em mim

O caminho da espiritualidade está marcado pelo equilíbrio entre a mente, o corpo e o espírito. Nenhum é mais ou menos importante do que os outros, ao menos enquanto vivemos nesta terra.

Tendemos a relativizar o nosso corpo e a descuidar de nossa mente. O que aconteceria se não pagássemos as contas de nossa casa, se não cuidássemos das suas paredes e a deixássemos sem portas nem janelas? Não viveríamos em paz, se nos fosse permitido viver nela. Enquanto estivermos em uma casa, o que acontece nela (a mente) e em seus móveis e paredes (o corpo) é importante para a qualidade de nossa vida. É verdade que não somos casa; apenas vivemos nela. Tampouco somos um corpo, mas vivemos nele. Ao menos por enquanto... Portanto, o equilíbrio é a meta.

Às vezes, buscando a espiritualidade forçamos o corpo com austeridades e acabamos débeis e doentes. Outras vezes não somos conscientes nem sequer da importância da alimentação e da necessidade de um bom descanso. Revisemos nossa vida cotidiana e vejamos se estamos buscando o equilíbrio entre o que pensamos, a maneira que cuidamos do nosso corpo e a nossa saúde espiritual.

Como posso sentir que Deus vive em mim? Esta é uma das perguntas mais profundas que fazemos quando entendemos que somos um com Deus, mas não o podemos experimentar. Acredito que uma maneira simples de conseguir isso seria conjugar o verbo amar. Deus é amor e o verbo é esse amor em ação: amar. Pensamos, durante muito tempo, que Deus é "Ele": uma ideia em terceira pessoa, um pouco distante, com a qual me conecto, mas que não sinto tão perto de mim. O que ama é *Ele* e somente *Ele* pode aceitar, perdoar e entender tudo. Em outras palavras, pensamos que "Ele" se encontra lá e "eu" me encontro aqui. Mas eu me aproximo do Amor quando consigo vê-lo em você (quando você me ama ou eu posso lhe amar).

Quando amo outra pessoa vejo Deus nessa pessoa. Consigo ver que, além de tudo o que percebo, critico e me deixa enraivecido em relação àquela pessoa, também há Deus nela. Descubro isso quando essa pessoa me ama, mesmo com suas debilidades; ou eu a amo, mesmo com seus defeitos. Finalmente posso experimentar Deus em mim, na primeira pessoa. Posso sentir que **Eu sou parte de Deus.** Quando pensarmos que somos nossas debilidades e nossos medos ou acreditarmos ser vítimas das circunstâncias e vermos Deus longe de nós (em terceira pessoa) comecemos a conjugar o verbo amar: Ele me ama, você me ama, e eu amo você. *Eu amo*; portanto, *Eu sou amor.*

Quando digo nas minhas conferências que devemos priorizar a espiritualidade em nossa vida alguns entendem que estou falando de vida religiosa, mas não é necessariamente assim. Priorizar a espiritualidade é colocar em primeiro lugar o amor e o respeito por nós mesmos — não em nosso ego, mas em nosso ser interior. Aumentar a nossa paz interior deveria ser a primeira coisa que deveríamos focar se quisermos experimentar uma vida plena.

Uma vez que conquistamos a paz interior, tudo vem por acréscimo: mais relacionamentos amorosos, saúde, trabalho que nos satisfaz e prosperidade. E muito mais. Mas aqui está algo importante: não é necessário que renunciemos aos nossos desejos. Trata-se de escolher estar em paz e, então, buscar equilibradamente os desejos do ego – aqueles desejos que resistirem depois de escolhermos ficar em paz. Ainda estamos em um mundo muito atrativo para que vivamos sem desejar algo externo; o ego é muito trapaceiro e consegue realizar o seu intento em se disfarçar e nos enganar. E seja como for, para que renunciar aos desejos? Agora, para começar, mudemos nossas prioridades, e que a primeira da lista seja estar em paz.

Como podemos ser felizes com alguém quando não somos felizes conosco? Ainda que pareça uma equação lógica, a realidade é que poucas vezes nos damos conta de que compartilhar a felicidade com alguém começa pela aceitação pessoal. Isso significa desfrutarmos de quem somos ou ao menos não julgarmos em nós as coisas que mais tarde os outros nos criticarão e que nos machucará.

Que a maneira como vemos o mundo exterior reflita o nosso mundo interior nos parece um ponto de vista compreensível no crescimento espiritual, mas nos esquecemos disso quando precisamos colocá-lo em prática. Acreditamos que ainda há alguém que possa nos dar o que não nos permitimos; seja aceitação, atenção ou carinho. Sabemos como é, mas ainda pensamos que essa regra de ouro possa mudar. Entendo que é um desafio nos fazermos responsáveis pelo que sentimos e pelo que nos acontece, mas é urgente que demos o primeiro passo o quanto antes para passarmos a sentir a plenitude que buscamos, começando por onde devemos começar: por nós próprios.

Eu gostaria de sugerir um pequeno exercício diário:

- direi para mim mesmo o que desejo que me digam;

- aceitarei em mim o que eu quero que os outros aceitem; e

- começarei a usufruir mais de mim, e assim poderei começar a compartilhar amor e a libertar-me da necessidade de pedi-lo.

Há uma frase que se repete em quase todo o livro de espiritualidade: "Regresse a si próprio" ou "Descobrir a si próprio". Embora tendo um sentido muito amplo, tenho me perguntado o que essas frases realmente significam. Quando dizem que tenho de regressar a mim, para onde tenho que ir?

Percebi que isso, mais do que um destino, é uma maneira de enfocar a vida. E não mais em direção ao mundo exterior, tratando de mudar os outros, as situações ou os planos, mas buscar em si mesmo aquilo que o aborreceu em determinada pessoa, em vez de ficar com raiva dela. **Aceitar o que sinto diante de uma situação é minha responsabilidade; é a minha percepção que criou o mal-estar, foi além do que eu tinha à minha frente.** Ninguém pode brigar com algo externo sem antes ter brigado internamente. É o nosso conflito interno que provoca nossa participação em conflitos externos. Se não estivermos em paz qualquer desculpa serve para projetarmos nosso conflito para fora. E isso nunca acabará até que regressemos a nós mesmos.

É importante não culpar ninguém nem tampouco nós mesmos. O que precisamos fazer é assumir nossa responsabilidade em determinado desacordo, abrindo nossa mente e nosso coração. A porta está em nós e as chaves em nossas mãos. Aceitemos a responsabilidade e a decisão de perdoar para nos libertarmos dos julgamentos que nos condenaram.

4.2 Sinta o seu coração vivo – Desperte para a alegria com atos de bondade

Quando alguém se encontra em um momento de confusão, de dor ou diante de alguma perda, eu geralmente lhe recomendo que realize alguma tarefa de serviço aos outros. Essa prática altruísta nos coloca outra vez em contato com o amor, do qual nos sentimos desconectados. Servir ao outro em necessidade nos abre outra vez o coração e nos tira a dor. Mas, quando estamos realmente servindo? Fazemo-lo quando decidimos dar algo a partir do coração, algo que tenhamos ou que saibamos fazer e que, sobretudo, nos faça felizes.

Se damos com outro sentimento que não seja a alegria, é sinal que estamos nos sentindo forçados. Em outras palavras, é o nosso ego quem decidiu dar. Por isso, devemos ser honestos em dar somente o que temos. Se for dinheiro, será dinheiro; se for tempo, será tempo; se for uma palavra, isso será suficiente.

Outras vezes, tentando dar daquilo que não temos curado, unimo-nos a grupos que defendem uma causa que para nós está relacionada a uma perda ou recordação triste. Ao fazê-lo somente abrimos ainda mais essa ferida que não pudemos curar. O que poderemos dar aos outros senão mais dor?

Quando dermos, que seja o que temos e valorizamos em nós mesmos. Assim nos sentiremos plenos porque acabamos sendo nós mesmos os recebedores das dádivas. Quando você tiver desejo de servir, pergunte-se: "O que me faz feliz?", e compartilhe isso. Se cada um de nós se guiasse espontaneamente por esta pergunta o mundo teria abundância e felicidade ilimitada. Comecemos por nós mesmos e assim, eu lhes asseguro, não haverá muito espaço para a dor.

4.3 Como manter a harmonia em nossos relacionamentos

O comportamento das outras pessoas é uma das razões mais comuns pelas quais perdemos a paz. É um desafio tratar de nos manter em equilíbrio quando estamos frente a alguém que não faz o que esperamos, especialmente se for nosso filho, amigo ou parente. É nesse ponto que verdadeiramente entra em jogo nossa aprendizagem espiritual: **tratar de estar em paz sem tentar mudar ninguém.**

Em um relacionamento é preciso oferecer o verdadeiro equilíbrio, e não esperar por ele. As consciências que não reconhecem isso continuam buscando o equilíbrio e a harmonia no mundo, mas aqueles que vivem mais conscientemente fazem seu próprio trabalho, interiormente.

Celebremos o encontro com os outros porque com eles podemos colocar em evidência que, quando estamos bem conosco, todos os relacionamentos se desenvolvem em uma plenitude que somente o amor verdadeiro pode conseguir. Para a maioria dos relacionamentos, encontrar o equilíbrio é um de seus grandes desafios: descobrir como dançar juntos sem pisar um no outro, fluindo com a dança que a vida nos traz.

Quando vejo os casais em busca dessa harmonia percebo que muitos deles tentam imitar seu companheiro, tentam se parecer um com o outro. A falta de importância que temos dado ao mundo interno condiciona que busquemos equilibrar somente as personalidades, talvez porque pensemos que estar em equilíbrio e harmonia consista em não ter conflitos, pois eles nascem das diferenças. Contudo, as diferenças realmente nutrem os relacionamentos se estivermos dispostos a fazer nosso próprio trabalho interno. Se insistirmos em fazer mudanças superficiais isso será apenas maquiagem que não tardará em mostrar a realidade.

Quando começamos esse descobrimento espiritual nosso entusiasmo faz com que queiramos compartilhar o que aprendemos com todos e especialmente com a família, com os amigos e com o companheiro. Mas ninguém gosta que lhe digam o que deve ser feito. A outra pessoa ainda não entende a vida da mesma maneira. Reagindo diferentemente diante do que não gostamos nos outros pode ser uma boa maneira de despertar neles a consciência do amor, sem ensinar a ninguém. Sermos nós mesmos o exemplo – nisto consiste espalhar o amor.

Epílogo

Caminhar por este mundo conscientes da nossa espiritualidade não consiste em renunciar com dor ao que ainda não podemos nos desapegar. Tampouco implica evitar experiências ou pessoas. Trata-se, na verdade, de **viver com aceitação tudo o que a vida nos traz**, dispostos a reconhecer no que vemos ou experimentamos a diferença entre o que é verdadeiro e o que é uma simples ilusão.

Por isso, se há uma tarefa que seja essencial no nosso caminho interior e permitirmos uma abertura maior ao espírito no cotidiano; é prestarmos atenção, com consciência e vontade, em tudo o que vemos e que acontece até começarmos a reconhecer que existe mais de um ponto de vista e que entre eles podemos escolher um.

Prestar atenção implica nos determos para observar o que acontece, ao que escutamos, ao que vemos ou ao que sentimos, sabendo distinguir *entre o ruído* e o *verdadeiramente importante*.

Uma nova versão do que vemos surgirá espontaneamente se conseguirmos que o silêncio seja um protagonista-chave e ficarmos calmos antes de tomar uma decisão. Experimentaremos uma expansão do nosso olhar em direção ao mundo que nos rodeia e em direção a nós mesmos, menos reacionário e beligerante e mais compassivo e amoroso. É precisamente esse modo de olhar que Deus vai colocando em nossos olhos.

LEIA TAMBÉM:

Paz mental

Thich Nhat Hanh

Se você estiver triste, ansioso ou solitário, pode ser que ache que precisa corrigir ou mudar algo em sua mente. Se os seus ombros estão rígidos, se suas costas doem, você pode achar que tudo o que precisa é de um médico que lhe ajude a consertar essa parte do seu corpo. No entanto, a chave da felicidade é estar totalmente integrado ao corpo e à mente. Grande parte do nosso sofrimento vem de uma desnecessária cisão da mente em relação à matéria. Nós pensamos que há algo errado em nossa mente ou que algo está errado em nosso corpo, e que temos de corrigir ou de curar aquela coisa específica. Mas é impossível remover a mente do corpo ou o corpo da mente. Pois estas são duas manifestações de uma coisa só.

Não podemos curar nossa mente sozinhos. Pensar pode ser algo produtivo e criativo, mas, sem integrar corpo e mente, a maior parte dos nossos pensamentos é inútil e improdutiva. Em *Paz mental*, o mestre zen Thich Nhat Hanh nos lembra que integrar corpo e mente é o único caminho para estarmos plenamente vivos em cada momento, sem nos perder nos nossos pensamentos enquanto caminhamos, cozinhamos, dirigimos ou damos seguimento à nossa vida cotidiana. Apenas ao cultivarmos um corpo consciente e uma mente corporificada nós podemos estar plenamente vivos. Unindo conhecimentos milenares com pensamentos contemporâneos, Thich Nhat Hanh afirma que essa prática é como se fosse *hardware* e *software*: se você não tiver ambos não consegue fazer nada.

Thich Nhat Hanh é um poeta, mestre zen e ativista da paz. Nasceu no Vietnã, mas vive no exílio desde 1966, em uma comunidade de meditação (Plum Village) que ele fundou na França. Foi indicado para o Prêmio Nobel da Paz por Martin Luther King Jr. É autor de dezenas de livros publicados pela Vozes, entre os quais: *Caminhos para a paz interior*; *Para viver em paz*; *Os cinco treinamentos para a mente alerta*; *Eu busco refúgio na Sangha*; *Meditação andando: guia para a paz interior*; *Nosso encontro com a vida*; *Nada fazer, não ir a lugar algum*; *Felicidade – práticas essenciais para uma consciência plena*; *Medo – Sabedoria indispensável para transpor a tempestade*; *Sem lama não há Lótus – A arte de transformar o sofrimento*.

LEIA TAMBÉM:

Atitudes que transformam
Como vivemos, como poderíamos viver

Anselm Grün

Nem sempre podemos escolher as circunstâncias externas de nossa vida, mas está sempre em nossa mão estabelecer nossos objetivos e trilhar nossos caminhos.

Anselm Grün descreve nessa obra atitudes que nos ajudam a trilhar nosso caminho, um caminho que não nos leve para o exterior, mas para dentro de nós. Segundo ele, com nosso modo de vida, ficamos frequentemente aquém das possibilidades que estão em nós. E por isso, Grün gostaria de convidá-los a descobrirem em si mesmos novas possibilidades que os levem a uma vida plena, à liberdade, à paz e ao amor. Suas capacidades são maiores do que possam pensar, e seu modo de viver não somente os transformará, como também o mundo à sua volta.

Autor reconhecido no mundo inteiro por seus inúmeros livros publicados em mais de 28 línguas, o monge beneditino **Anselm Grün**, da Abadia de Münsterschwarzach (Alemanha), une a capacidade ímpar de falar de coisas profundas com simplicidade e expressar com palavras aquilo que as pessoas experimentam em seu coração. Procurado como palestrante e conselheiro na Alemanha e no estrangeiro, tornou-se ícone da espiritualidade e mestre do autoconhecimento em nossos dias. Tem dezenas de obras publicadas no Brasil.

CULTURAL

Administração – Antropologia – Biografias
Comunicação – Dinâmicas e Jogos
Ecologia e Meio Ambiente – Educação e Pedagogia
Filosofia – História – Letras e Literatura
Obras de referência – Política – Psicologia
Saúde e Nutrição – Serviço Social e Trabalho
Sociologia

CATEQUÉTICO PASTORAL

Catequese – Pastoral
Ensino religioso

REVISTAS

Concilium – Estudos Bíblicos
Grande Sinal – REB

TEOLÓGICO ESPIRITUAL

Biografias – Devocionários – Espiritualidade e Mística
Espiritualidade Mariana – Franciscanismo
Autoconhecimento – Liturgia – Obras de referência
Sagrada Escritura e Livros Apócrifos – Teologia

PRODUTOS SAZONAIS

Folhinha do Sagrado Coração de Jesus
Calendário de mesa do Sagrado Coração de Jesus
Agenda do Sagrado Coração de Jesus
Almanaque Santo Antônio – Agendinha
Diário Vozes – Meditações para o dia a dia
Encontro diário com Deus – Guia Litúrgico

VOZES NOBILIS

Uma linha editorial especial, com importantes autores, alto valor agregado e qualidade superior.

VOZES DE BOLSO

Obras clássicas de Ciências Humanas em formato de bolso.

CADASTRE-SE
www.vozes.com.br

EDITORA VOZES LTDA.
Rua Frei Luís, 100 – Centro – Cep 25689-900 – Petrópolis, RJ
Tel.: (24) 2233-9000 – Fax: (24) 2231-4676 – E-mail: vendas@vozes.com.br

UNIDADES NO BRASIL: Belo Horizonte, MG – Brasília, DF – Campinas, SP – Cuiabá, MT
Curitiba, PR – Fortaleza, CE – Goiânia, GO – Juiz de Fora, MG
Manaus, AM – Petrópolis, RJ – Porto Alegre, RS – Recife, PE – Rio de Janeiro, RJ
Salvador, BA – São Paulo, SP